eビジネス新書

No.376

週刊東洋経済

脱・ストレスの処方箋

脳 睡眠 運動 食事

週刊東洋経済 eビジネス新書 No.376

脱・ストレスの処方箋

本書は、東洋経済新報社刊『週刊東洋経済』2021年2月27日号より抜粋、加筆修正のうえ制作しています。情報は底本編集当時のものです。(標準読了時間 90分)

脱・ストレスの処方箋　目次

4大要素の見直しでストレスフリーへ

コロナ禍は「ストレスフルな社会」を生み出している。職場の人間関係やSNS疲れといった従来の要素に加え、マスクの着用や手指の消毒など、さまざまな制約がわれわれを苦しめている。

働き方の変化によるストレスも大きい。テレワークをする会社員を対象に、リクルートキャリアが2020年秋に実施した調査によると、「テレワーク開始前にはなかった仕事上のストレスを感じたか?」という質問に対し、約6割が「強く感じた」「やや感じた」と回答。そう回答した人の7割近くがストレスを「解消できていない」「どちらかといえば解消できていない」という。同社の藤井薫・HR統括編集長は「テレワークでは効率性が重視され、(気分転換になる)雑談などの場面が失われがち。また、『私でなくてもいいのでは』と、自らの存在性が揺らいでおり、それもストレスになっている」と分析する。

テレワークで生じたストレスはなかなか解消されない
—テレワークを実施した人へのアンケート調査—

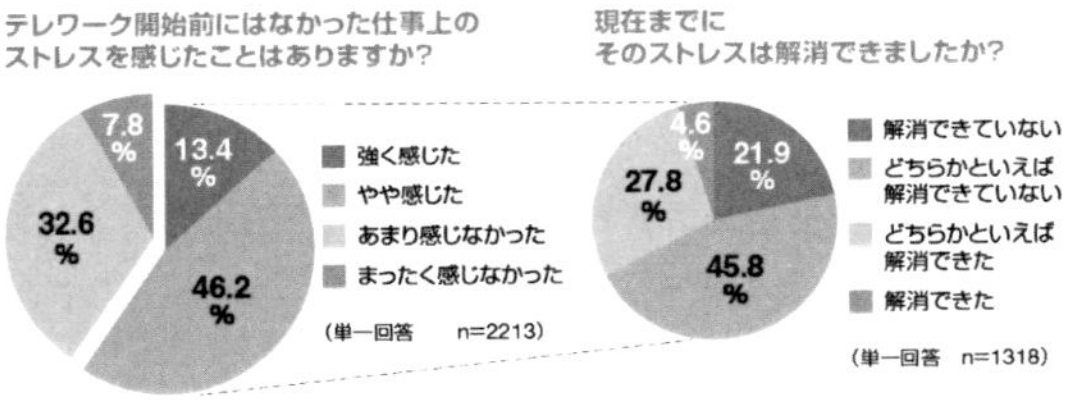

(注) 企業の正規従業員で2020年1月以降にテレワークを実施した人を対象に、20年9月26〜28日に行ったインターネット調査
(出所) リクルートキャリア「新型コロナウイルス禍における働く個人の意識調査」

睡眠にも悪影響が及んでいる。スタンフォード大学医学部の西野精治教授が代表取締役を務めるブレインスリープが２０年の緊急事態宣言下で行った調査によると、働き方に変化があった人ほど就寝時間、起床時間が遅くなり「夜型」の生活になった。在宅時間の増加で睡眠時間は長くなった一方、睡眠の質は悪化したと感じている人が増えたこともわかった。

働き方が変わった人ほど遅寝遅起きに
—コロナ禍での睡眠の変化—

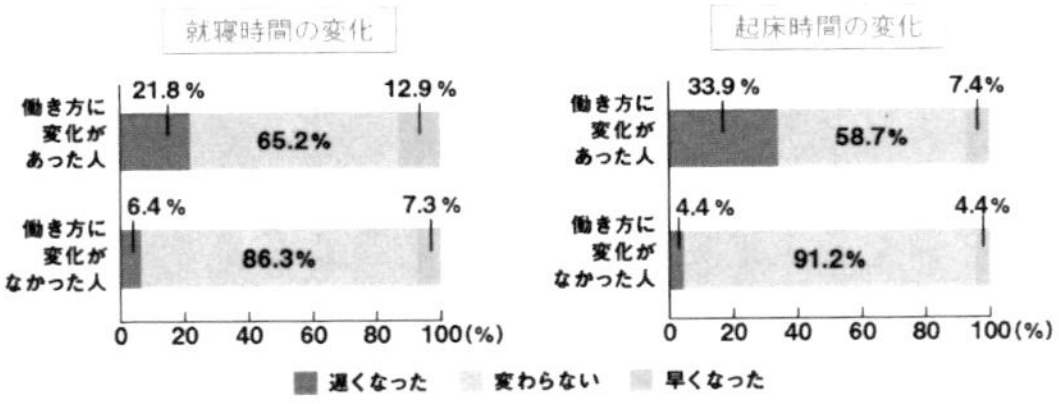

（注）緊急事態宣言が早期に出された7都府県（東京、神奈川、埼玉、千葉、大阪、兵庫、福岡）の有職者1000人（男女・20〜69歳）を対象に、2020年4月17〜20日に行ったインターネット調査
（出所）ブレインスリープ

また、同僚や友人との外食・飲み会やカラオケ、ライブやイベントへの参加といった従来のストレス発散法は、感染予防の観点から制限がかかっており実践が難しい。

ではどうすればいいいか。1人でもできるストレス解消法を身に付けるしかない。ここでは、ストレスの発生・解消に密接に関係している「脳」「睡眠」「運動」「食事」の4大要素に焦点を当て、その改善策を紹介していく。

「集中力が低下した脳は、睡眠や運動によって回復することができる」(精神科医・樺沢紫苑氏)、「夕食や朝食が睡眠に影響を与える」(西野教授)、「テレワーク中心の生活で疲れやすくなったのは、運動不足で下半身の筋肉量が減ったから。下半身の筋肉をしっかり動かし、ストレッチをすることで体調が驚くほど変わる」(フィジカルトレーナーの中野ジェームズ修一氏)。

このように、それぞれを組み合わせると、効果はより高まる。

本誌が、不安加速社会で生きる読者にとってストレスフリーを実現する処方箋となるはずだ。

(常盤有未)

マインドフルネスに脚光

マインドフルネスとは「今、この瞬間に注意を向けること」で、今の気持ちや状態を自覚し、受け入れる活動を指す。それによりストレスを減らし、目の前のことに集中することができる。

生産性向上にもつながることから研修プログラムに導入する企業が今、増えている。名刺管理サービスのＳａｎｓａｎもその１つ。２０１７年にプログラムを導入し、延べ７００人以上が受講した。研修では瞑想や「ジャーナリング」という与えられたテーマについて心の中をひたすら書き出す作業を行う。自分でも認識していない価値観に気づくことが狙いだ。２人１組になり、書いたものを見せ合うが、評価や判断はしない。人事部の我妻小夜子副部長は「怒りやすかった上司が、部下と落ち着いて話せるようになったケースもあり、成果が出ている」と語る。

ヤフーやカルビーなどもマインドフルネスを導入した実績がある。かつてヤフーで活動の中心となり、今はフリーとして大手企業で研修を行う中村悟氏は「企業に定着させるためには、有志社員のボトムアップが欠かせない」と話す。

脳の疲れを軽減する

マインドフルネスの本場である米国では、すでに1000億円規模に市場が拡大。日常生活にも浸透し、個人が利用するメディテーションスタジオが約2500カ所ある。瞑想アプリも多く存在する。

企業での導入も進むが、その先駆けとして有名なのが米グーグルだ。関連書籍が数多く出版されていることでも知られている。

グーグル本社に現在のプログラム内容を聞くと「コロナ禍でのストレスや不安からの回復力（レジリエンス）を育む、オンライントレーニングを行っている」と回答。

アスリートや心理学者が解説する動画を配信しているという。

元社員やマインドフルネスの専門家らによると、少し前のグーグルでは次のようなプログラムがあった。1つは「SIY（サーチ・インサイド・ユアセルフ）」と呼ばれる、体を整え自身を認識することを主眼に置いたものだ。数日間行われ、何のために生きるのかなど根源的なテーマを深掘りする。

もう1つは体、感情、集中、精神の4つのエネルギーを適切に使えるようにするためのプログラム。瞑想や、食事を取ることだけに集中する時間をつくる。両プログラムとも社員が講師になり、勤務時間内に行われていた。

「選考を通らなければ参加できないプログラムがあるほど人気があった」。5年前までグーグルに在籍し、現在はコンサルティング会社代表のピョートル・フェリクス・グジバチ氏が当時をそう振り返る。グジバチ氏は、「日本企業は働き方だけではなく、従業員の生き方も変える必要がある。マインドフルネスという『手段』を活用してほしい」と指摘する。

企業がこぞってマインドフルネスを導入するのは、脳科学から見ても有効とされているからだ。ロサンゼルスでクリニックを開業する精神科医の久賀谷亮氏は「マインドフルネスは脳の過剰な活動を抑え、疲れを軽減する。続けることで脳の構造に変化が起き、記憶や集中の部位が強化される」と説明する。それでは、具体的なマインドフルネスの手法を紹介する。

（ライター・国分瑠衣子）

専門医が教える

脳を癒やすマインドフルネス

医師（日・米医師免許）・久賀谷　亮

脳が疲れているとき〔マインドフルネス呼吸法〕

①いすに座り基本姿勢を取る

お腹はゆったり、手は太ももの上に置く。足は組まずに目は閉じる開ける場合は2メートルくらい先を見る。

②身体の感覚に意識を向ける

手と太ももなどの接触や、身体が地球に引っ張られる重力を感じる。

③呼吸に注意を向ける

深呼吸は不要。自然と呼吸がやってくるのを「待つ」ような感じで。雑念が浮かんだら注意を呼吸に戻す。

注意力、集中力を改善したいとき〔ムーブメント瞑想〕

〔立った姿勢で〕

①足を肩幅に開いて立ち、両腕をゆっくり上げる。
②腕の筋肉の動き、血液が下がってくる感じ、重力に意識を向ける。
③腕をゆっくり下げるときも身体の感覚に意識を向ける。これを繰り返す。

〔座った姿勢で〕

①後ろから前にゆっくり両肩を回す。
②筋肉や関節の動きや感覚に注意を向ける。
③逆向きも同様に行う。これを繰り返す。

思考のループから抜け出したいとき

①180度逆のことや例外を考えてみる。
②善しあしで判断するのをやめる。
③何度も浮かぶ考えは、「もう十分！」と頭の外に捨てる。

怒りを鎮めたいとき

①「あ、怒っているな」「人間だもの、仕方ない」↓自分の中の怒りを認識し、受け入れる。
②「なぜ怒った？」↓心拍や緊張など体の変化を検証する。

他人へのマイナス感情があるとき

①先のマインドフルネス呼吸法を行い、「今この瞬間」に注意を向け直す。
②ストレスの原因になっている人をイメージする。
③短いフレーズを唱える

「自分はありのままでいい、人は人」
「あなたが健康でありますように」

身体の違和感や痛みを和らげる〔ボディースキャン〕

①横たわって呼吸に注意を向ける
呼吸に伴い、お腹が上下する感覚を意識する。
②左足の爪先に注意を向ける
足が靴下に触れる感覚は？　足の指の感覚は？
③身体を「スキャン」する
鼻から吸った息が身体を通り左足爪先に吹き込まれる。
息を吐くときは左足爪先の空気が身体を通って鼻から出ていく。
④身体のスキャンを右足、左右の手、腹部などでも行う

久賀谷　亮（くがや・あきら）

広島大学医学部、米イェール大学医学部卒業。イェール大で臨床医として勤務した後、ロサンゼルスにクリニック開業。

プレッシャーに打ち勝つ　メンタル切り替え術

大勝負のとき、アスリートはどんなメンタルで試合に臨むのか。プロ野球やJリーグ、五輪チームなどで一流アスリートへのメンタルトレーニングを行う、日本体育大学の高井秀明准教授に、ビジネスの場で生かせる気持ちの切り替え術を聞いた。

「アスリート＝強靱なメンタルの持ち主、というイメージがあるかもしれないが、実は一般の人とそう差はない」と高井准教授は話す。言い換えれば、一般の人でも訓練を積めばメンタルを強くすることができるということだ。

プレゼンの前で生かせそうなのが、成功する姿を思い浮かべるイメージトレーニング。高井准教授は「アマチュアとトップ選手の違いは、想定パターンの数。最良のものだけではなく、セカンド、サードチョイスをつねに用意している」と話す。成功パターンをイメージする場合は、シチュエーションが違う複数の場面を想定しよう。

目の前の仕事に集中したいときには、不安な気持ちを排除してから取り組むとよい。呼吸を整え、これから始める仕事を広い視野で捉え、評価できる状態にする。

気をつけたいのは、アスリートがプレー前に一定の動作を取る「ルーティン」は「験担ぎ」とは違うという点。パフォーマンスに直結するルーティンと比べ「靴ひもを右足から結ぶなどの行動は意味があるとは言いがたい。ルーティンも1、2個ならいいが多いと集中力をそぐ」（高井准教授）。取り違えないよう注意したい。

高井先生が推薦　プレッシャーに打ち勝つ術

プレゼン前に不安

・成功体験を思い出し、そのときの出来事や自分の心理状態を書き出して「自分の成功パターン」を確立する。
・読書や音楽鑑賞などまったく別の行動を取る。

上司から叱責され仕事が手につかない

・「〇分までに仕事を終える」など時間的プレッシャーを与え、感情が入り込む余地を与えない。

目の前の仕事に集中したい

・鼻からゆっくり息を吸い込み、口から吐き出す腹式呼吸でリラックス。
・「やれる」と自分に言い聞かせたり、胸をたたいたりと、集中する合図を決める。

（ライター・国分瑠衣子）

ベストセラー作家・精神科医　樺沢紫苑が伝授

〝脳力〟を引き出す時間術

精神科医・樺沢紫苑

時間は誰にも平等に与えられている。しかし、その使い方で時間は2倍も3倍も有効に使うことができる。つまり、時間は〝消費〟するものではなく、使い方によって〝創出〟できるものだ。

勤務医だったころ、私は仕事に忙殺され、精神科医でありながらストレスで突発性難聴にかかってしまった。それを機に時間の使い方を根底から見直し、私なりの時間術を編み出した。例えば、疲れ切った夜の時間帯に書いていた論文を朝の出勤前に執筆した。すると、驚くほど効率が上がり、時間を創出することができた。

集中力が維持された状態での仕事の効率は高い。1日中、高い集中力が維持できれば仕事ははかどるが、人の脳はそのようにはできていない。脳科学の知見によれば、脳には集中力が高まる時間帯と、眠気に襲われ集中力が低下する時間帯があり、集中力を維持できる時間にもリズムがあることが知られている。起床後の2～3時間は脳のゴールデンタイムと呼ばれるほど、集中力は高まるが、昼食後の時間帯は集中力が低下する。

集中力や体力、精神力がそろっている朝のうちに、いちばんやりづらくて大変なものを片付けてしまう。そうすれば精神的にも楽だし達成感も生まれる。

時間術を学んでほしい

一方、集中力が低下した脳は、運動や睡眠によってリセットすることで、ある程度は集中力を回復することができる。

こうした脳の性質を理解し、集中力の高い時間帯に難しい重要な作業をし、集中力の低下する時間帯には簡単な仕事をする。適切なタイミングで軽い運動や仮眠などの休息を入れて集中力を回復するといった工夫で、時間は効率的に使うことができる。時間は人生の〝通貨〟だ。時間を多く獲得すればするほど、豊かな人生を手に入れることができる。時間術により時間を獲得し、それを自己投資に注ぎ自己成長しながら、さらに時間を生み出していく。その好循環により、多くの人生の通貨を手に入れることで、人生は変えることができる。

現代社会では多くの人がストレスに苦しんでいる。しかし、時間術のノウハウを実践すれば、仕事上の成功や、家族や友人との楽しい時間、趣味に熱中する時間に加え、健康まで手に入れることができる。その結果、仕事でのストレスに悩んで病気になったり、自殺したりする人が少なくなる社会が実現できると信じている。

だから、皆さんには時間術をもっと学んでほしい。テレワークが進んで、コントロール可能な時間が増えた分、自分で時間を管理しないと余計にストレスが増えてしまう。朝からメールチェックばかりやっているような人は、パフォーマンスを下げる可能性がある。時間や仕事の配分次第でストレスフリーな状態に持っていけるのだから、時間の管理についていま一度考え直すべきだろう。（談）

【朝の時間術】

脳の黄金時間に「集中仕事」こなす

時間を最大に生かす方法は朝、昼、夜で異なる。その方法を順番に解説していく。まずは朝の時間術。睡眠中は記憶が整理されるため、脳の作業スペースが増加し働きがよくなるといい、そのため起床後2～3時間は、1日で最も集中力が高い「脳のゴールデンタイム」となる。だから集中力を要する重要な仕事を午前中に行い、メールの返信などの作業や会議は午後に回すことで、同じ時間の使い方でも2倍も3倍も有効に使うことができる。

やることをToDoリストに書き出し、集中力を要する仕事から優先的に処理していく。起床から始業までに2時間以上かかる場合は、その時間帯を読書や学習などの自己投資に費やせば、脳のゴールデンタイムを有効活用できる。

朝散歩も有効

寝覚めが悪い場合は、朝のシャワーや散歩などが有効だ。人の体は、日中は体温や心拍数を上げ活発に活動できる交感神経が優位で、夜は副交感神経が優位となりリラックスした状態になる。朝すっきりしないのは副交感神経が優位な状態が続いているためで、シャワーを浴びて体温や心拍数を上げ、交感神経が優位な状態に切り替えていけば容易に覚醒ができる。

寝覚めが悪いもう1つの原因は、睡眠からの覚醒を指令するセロトニンという脳内物質が不活性状態にあるためだ。セロトニンは光刺激によって合成されるため、カーテンを開けたまま眠り、朝日を浴びることですっきりと目覚めることができる。まぶしくても我慢して目を開けていれば5分ほどで覚醒できる。これを樺沢氏は「不動明王起床術」と呼ぶ。

セロトニンは癒やしや平常心などに関する脳内物質でもあり、運動や食事の際のそしゃくでも活性化する。中でも起きて1時間以内に15分程度の「朝散歩」をすることを推奨する。「セロトニンが活性化して体内時計がリセットされるだけでなく、うつやストレスの予防にもいい」からだ。また、1口分で20回以上そしゃくして朝食を取ることも覚醒を助ける。

一方、朝に避けたい行動もある。起床後、雑多な情報にあふれたテレビの情報番組の視聴は最も避けたい。睡眠によってせっかく増加した脳の作業スペースを、そうした情報によって散らかすことになるからだという。脳のゴールデンタイムにはなるべく余計な情報は入れず、仕事に集中し、情報収集は午後にすることが好ましい。

これで差がつく

○ お勧め習慣

- 朝シャワーで体を「交感神経」に切り替える
- カーテンを開けたままで寝て朝日を浴びる
- 不動明王起床術（朝日の入る部屋で5分間目を開ける）
- 5分間のリズム運動または15～30分の早足散歩
- よくかんで（1口分20回以上）朝食を取る

× NG習慣

- テレビを見る
- 午前中に余計な情報を入れる

【昼の時間術】

「外出ランチ」で集中力をリセット

昼の時間術をどうすればよいか。日中の活動で集中力はどうしても低下してしまうが、適切な休息で集中力は回復する。そんな中、昼休みは集中力を回復する絶好のチャンスとなる。

リセットするには朝の寝覚め同様、セロトニンを活性化させるのが効果的で、外出して食堂や公園でランチを取るのがお勧めだ。日光を浴び、運動して、そしゃくをすることでセロトニンが活性化する。

移動によって「場所ニューロン」という、脳の海馬に存在する場所をつかさどる細胞が活性化するといい、記憶力が高まり仕事がはかどることも期待される。また、いつも同じ店で同じ物を食べるのではなく、違う店を訪れたり、違うメニューを注文したりするのもいい。違った環境に身を置けば、脳内のアセチルコリンという神経伝達物質が活性化し、創造性やひらめきを助長する効果が生まれる。

スマホゲームは逆効果

仮眠もリセットの効果が大きい。ＮＡＳＡ（米航空宇宙局）は２６分の仮眠で仕事効率が３４％、注意力が５４％向上したと報告している。最適な仮眠時間は２０～３０分で、机にうつむきになる仮眠でもかなりの効果が得られる。

集中力が最も低下する午後2時以降は、４５分ほどで機械的に休息を取ってリセットすることが望ましい。リセットには短い運動や5分ほどの仮眠が効果的だ。移動に階段を使ったり、スクワットをしたりと工夫することで集中力は回復する。トイレに行ったり、仕事の場所を変えたりするだけでも効果はある。会議や打ち合わせ、メール返信、電話対応など仕事の内容を変えることも気分転換になる。

一方、休息の際、スマートフォンでゲームをしたりする気分転換は逆効果。脳が興奮してしまい、休憩にはならないからだ。同僚と雑談をしたりして、仕事で使う論理脳ではなく感情脳を刺激することが気分転換になる。

最後に終業時間を決めてそれを堅守することも、集中力を高めることにつながる。定時退社が常識の米国の研究では、終業間際の時間帯で集中力が高まることが報告されている。時間を決めることで仕事の効率もアップさせることができるだろう。

これで差がつく

○ お勧め習慣

- 表に出て日光を浴びる
- 歩くことで「リズム運動」の補完に
- 歯応えのある食べ物をゆっくりかむ
- 新しい店を訪れアセチルコリンを活性化
- 午後2～4時も「場所替え」「休憩」「会議」で気分をリセット
- 仮眠は20～30分が最適、5分間も有効
- 退社時間を決める（夜の予定を入れる）

× NG習慣

- 休憩中のスマホゲームは逆効果

リラックス時間を寝る前に確保

朝と比べて集中力を高めることが難しい夜の時間帯。それでもどうしても夜に集中して仕事をしなければならないケースも出てくるだろう。そんなとき、脳をリセットし集中力を回復する究極の方法は「運動」だ。

終業後、就寝の3時間前までに60分程度の有酸素運動をすることで、朝のゴールデンタイム同様に集中力が高い時間が確保できる。集中力が高い終業後の自由時間を自己投資に使えば、仕事のスキルは向上し、時間創出につながる。また、運動は快眠を促すため、翌日のベストパフォーマンスにも役立つ。1日15分の運動を継続することで平均寿命が約3年延びたという研究報告があり、運動は究極の時間創出術でもあるのだ。

退社後は仕事を忘れる

多くのビジネスパーソンは週末に1週間の疲れを癒やす習慣があるが、ストレスの収支は1日で合わせるほうが望ましい。週単位でストレスをため込むと、週末になるにつれ、仕事の効率が下がってしまうからだ。

ストレスを翌日に持ち越さないためには夜の時間の過ごし方が重要になる。ストレスの解消には、家族との食事、恋人や友人との時間など、人との交流が最も有効であることが知られている。夜の時間にも仕事を気にしていては、脳はリセットされずストレスはたまる一方だ。退社後は、仕事のことを忘れ、リラックスして過ごすよう心がけたい。

とくに就寝前2時間の過ごし方がポイントだ。翌日にベストパフォーマンスを発揮するには快眠が不可欠だからだ。飲食、激しい運動、熱いお風呂への入浴、余計な情報が入るテレビやスマホなどの視聴や明るい場所にいることは避け、リラックスできる音楽を聴いたりアロマを楽しんだりして神経をクールダウンし、交感神経を副交感神経に切り替えることで快適な睡眠が生まれる。

眠る直前の情報は上書きされないため記憶に残りやすい。そのため暗記系の学習には就寝前15分ほどの時間を利用したい。また、就寝前に1日の楽しい出来事だけを思い出すと、楽しい思い出ばかりが記憶に刻まれ、幸福な人生を送ることができるだろう。

これで差がつく

○ お勧め習慣

- 夕方に運動をして脳をリセット
- 会社を出たら仕事のことは考えない
- 寝る前の2時間は
  「リラックスする時間」に充当
- 暗記系の勉強は寝る前15分がお勧め
- 寝る前に1日にあった楽しい
  出来事を思い出す

× NG習慣

- 激しい運動は逆効果
- 寝る前のテレビやスマホなどの視聴

仕事を後回しせず「今」にコミット

樺沢氏は、時間は消費するものではなく、創出するものだと言う。それは「無駄な時間を減らすことによって、時間を生み出す」という考え方だ。その具体的な手法を紹介したい。

まずは「後回し」にしないこと。後回しにすると同じことに何度も時間を費やす羽目になり、無駄な時間が増える。メールの返信など、2分ほどでできるような仕事は後回しにせず、すぐに終わらせて無駄をなくしていく。

判断が必要なことも、あれこれ迷って考えるのは無駄だといえるだろう。熟考してもよりよい判断ができるとは限らない。30秒考えても1時間考えてもあまり結果が変わらないのであれば、仕事上の日々の決断に関し30秒で即決すれば、時間は節約できることになる。

即断できない重要な判断であれば、「判断する日時を即断」するとよい。「未決とすること」をすぐに決断することで、その問題から一時的に解放され、雑念の生じるリスクが減り、集中できる時間を創出できる。

「時間厳守」も時間創出につながる。訪問先がある場合などは、30分前の現地到着を原則にすれば、遅れる懸念から解放され、移動中でも集中して仕事ができる。また、約束の時間まで30分というまとまった時間があれば一仕事することも可能だ。時間を守る人というのが定着すれば、信頼度が上がり、相手も時間を守ってくれるようになる。場合によっては早めに来てくれることもあり、そうすれば仕事がスピードアップして時間創出につながっていくのだ。

信頼度を上げていくには、他人の時間を大切にすることも大事で、人を待たせている仕事については最優先で処理することが必須だといえるだろう。

会合などで、「ぜひまた会いましょう」という話が出ると思うが、次のアポイントはその場で決めるのが賢明だ。「後日連絡」はメールのやり取りなどで時間の浪費となる。

また、「後日連絡」の約束が果たされるのは少ないことは多くの人が経験上知っている。

並行仕事を意識する

脳は同時に2つのことは処理できないから、「ながら仕事」は仕事の効率が下がるので避けたい。代わりに単純な作業と仕事を組み合わせる「並行仕事」を意識して実行したい。移動中に読書したり、歩きながらやシャワーの間にアイデアを考えたりと、単純な作業と同時にできることは少なくない。

30分の入浴やウォーキングの時間に仕事のアイデアや解決策を考えつけば、30分は2倍、3倍の価値を生む。並行仕事は時間創出の貴重なチャンスなのだ。

電車などでの移動中に音声教材などを活用して学ぶ「耳学」も効率的だ。読書や耳学などは自己投資であり、自己投資は仕事のスキルを向上させ、結果、時間を創出する。

重要なのは、時間を創出するという意識を持つこと。無駄をなくし密度の濃い時間を過ごす意識が、自己変革や自己成長を促す。

これで差がつく

お勧め習慣

- 2分で終わる仕事はすぐに終わらせる
- 日々の決断は30秒で即断即決
- 即決できないときは決断の期限を決める
- 時間を厳守
- 相手の時間を大切にする
（待たせている仕事を最優先）
- その場で次のアポイントを決める
- ながら仕事はやめ「並行仕事」を意識
- シャワー時間に「考え事」をする
- 音声で学ぶ「耳学」を活用

「15・45・90の法則」を活用

集中時間を15分・45分・90分に区切りリズムをつくる

脳には覚醒度の高い90分と眠気の強い20分が交互に訪れる「ウルトラディアンリズム」がある。また、集中力の深度と継続時間はおおむね15分、45分、90分で区切られる。同時通訳は15分ごとに訳者が交代し、小学校の授業は45分単位、サッカーの試合は45分ハーフで90分だ。密度の濃い集中力を保つのは15分が限度で、高い集中力は45分、緊張感を維持できるのは90分であり、ウルトラディアンリズムの知見と一致する。

集中できる時間には「15・45・90の法則」があり、法則に従って休息し集中力をリセットすれば、労働生産性を高められる。例えば、極度の集中力が必要な作業は15分ごと、勉強や事務など高い集中力を要する作業は45分、企画書の執筆などまとまった時間を要する仕事は90分で休息をとる。個人差があるが、時間をより効率的に使うことができる。

◆ 15・45・90の法則

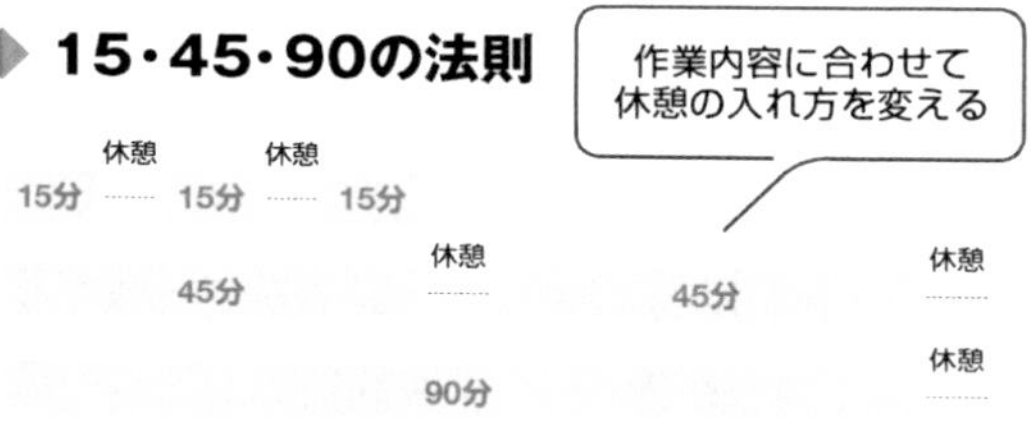

（出所）『脳のパフォーマンスを最大まで引き出す 神・時間術』

POINT

- ☑ **濃い集中が保てる時間は15分程度**
- ☑ **15分の3倍の45分が集中力を保てる時間、90分は集中できる限界**
- ☑ **15分、45分、90分を一区切りにして休憩を入れリズムをつくる**
- ☑ **人によって集中可能時間は異なるため、最適な時間をつかむ**

物や雑念を書くことで消し去る

途切れた集中力を元に戻すには15分を要する。集中の最大の敵は雑念で、排除できれば効率は高まる。雑念は「物による雑念」「思考による雑念」「人による雑念」「通信による雑念」に大別できる。

物による雑念を排除する方法は整理整頓だ。散らかった机の上から探し物をしたり、雑然としたPCからファイルを探したりしていては集中が途切れる。

思考による雑念の排除には、気になることをすべて書き留め、目につくところに貼り付けておくことが有効だ。未完了課題は完了課題に比べ想起されやすいことは心理学でも裏付けられている。書き出すことで、脳では未完了課題が消去されるため、雑念排除には「書いて忘れる」が最も有効なのである。

人による雑念を排除するには、同僚や上司から離れた場所で仕事をするのが有効。スマートフォンのメールや着信音といった通信による雑念も大敵で、集中時間には着信通知設定をオフにしておきたい。

【ポイント】

①机やパソコンのファイルを整理して、すぐに取り出しやすい環境をつくる。
②気になったことはすぐにメモに書き出す。
③他人の邪魔が入らない集中できる環境をつくる。
④電話やメールを見ない、電源もできればオフに。

樺沢紫苑（かばさわ・しおん）
精神科医、作家。1965年札幌生まれ。91年札幌医科大学医学部卒。著書に『精神科医が教える　ストレスフリー超大全』『ブレインメンタル　強化大全』など。

睡眠研究の最先端　スタンフォード式快眠術

スタンフォード大学医学部精神科　教授／睡眠生体リズム研究所　所長・西野精治

睡眠の時間や質は心身のコンディションに直結する。睡眠研究の総本山といわれるスタンフォード大学医学部の教授で同大学睡眠生体リズム研究所所長も務める西野精治氏にコロナ禍が睡眠にもたらす影響やパフォーマンスアップにつながる眠り方を聞いた。

覚えておきたい睡眠格言

①夜型の生活はさまざまな不調を招く
②入眠後９０分間の睡眠の質が最も大事

――コロナ禍では働き方が変わりました。睡眠への影響は?

私が代表取締役を務めるブレインスリープが2020年4月、緊急事態宣言が早期に出された7都府県（東京、神奈川、埼玉、千葉、大阪、兵庫、福岡）の仕事に就いている1000人を対象に調査したところ、全体の32・8%の人が、睡眠時間に変化があったと回答した。リモートワークや時差出勤などとくに「働き方に変化があった」人の21・8%は就寝時間が遅くなり、夜型に移行する傾向が見られた。通勤が減ったことが関係しているのだろう。

また、全体の11・1%が睡眠の質が悪化していると回答した。とりわけ、働き方に変化のあった人は、そうでない人に比べて睡眠の質が下がったと感じている割合が多い。リモートワークになった人は、環境変化により生活が夜型になったことが響いたと推測できる。

良質な睡眠には規則正しい生活が不可欠で、いつもと同じ時間に寝ることが睡眠の質に影響するが、それとは正反対な事態になっている。

――入眠時間のずれは心身にどう影響しますか。

入眠時間が夜型にずれると、例えば普段起きる朝7時になっても体温が上昇せず、目覚めは悪い。

人間の体内時計は本来24時間よりも長くて、朝起きて光を浴びたり朝食を取ったりしてリセットしないとどんどん夜型になっていく。

1日の生産性も上がらない。睡眠での体のメンテナンスができないため生活習慣病などの疾患リスクが高くなる。免疫にも関係し感染症やがんのリスクも上がる。

睡眠学の歴史は浅く、こうしたことが認識され出したのは2000年ごろからで、それ以降に多くのことがわかってきた。米国では保険会社などによる6年間の追跡調査で、7・5時間睡眠の人は死亡率が低いという報告もある。

短時間睡眠の女性は肥満になりやすいとのデータもある。寝ないと摂食を制限するホルモンが出ず、反対に摂食を促進するホルモンが出るからだ。男性も40代を超えると生活習慣病のリスクが高くなり、質の悪い睡眠が拍車をかける。

――心身の不調は睡眠の質の悪さが原因ということも多いのですか。

睡眠の役割を、疲れを取る、眠気を取るぐらいだろうと考えているのだとしたら大間違いだ。起きている時間にはできない体の修復が行われている。

睡眠には多くの役割が

例えば自律神経。入眠して眠りが深まっていくと交感神経の活動が弱まり、副交感神経が優位になる。自律神経の役割交代がスムーズだと脳も体もリラックスし、しっかり休息を取ることができる。一方、自律神経が乱れると、冷えや肩こりなどの不調が起きやすい。通常であれば寝ると血圧や心拍数はどんどん下がるが、そうならず就寝中に脳卒中や心筋梗塞を起こすのも、自律神経の乱れが原因だ。

また、細胞の成長や新陳代謝促進など人の成長に深く関わるグロースホルモン（成長ホルモン）は入眠後すぐに分泌されるが、寝つきが悪いとそれが減ってしまう。
睡眠の質は脳のコンディションにも影響し、不眠がうつ病や統合失調症を引き起こすこともある。記憶の定着にも関係し、さらには脳の老廃物を洗い流す脳脊髄液は、起きているときに比べて寝ているときのほうが4～10倍も働き、アルツハイマー病の発症にも関係するといわれている。これがわかったのは比較的最近のことだ。

――睡眠の質を高めるには、どうすればよいでしょうか。

正常な睡眠パターンがあり、それができると目覚めはよくなる。健康な人は目を閉じてから10分未満で入眠し、比較的短時間でいちばん深く、脳も体も眠った状態の「ノンレム睡眠」に到達する。その後、脳は起きていて体は眠っている浅い眠りの「レム睡眠」に変わり、90～120分の周期でこれを4回ほど繰り返す。第2周期以降のノンレム睡眠は1回目ほど深くならないので、睡眠の質は第1周期の90分ほどで決まる。

◆ いちばん深い眠りは最初にやってくる
―スリープサイクルの仕組み―

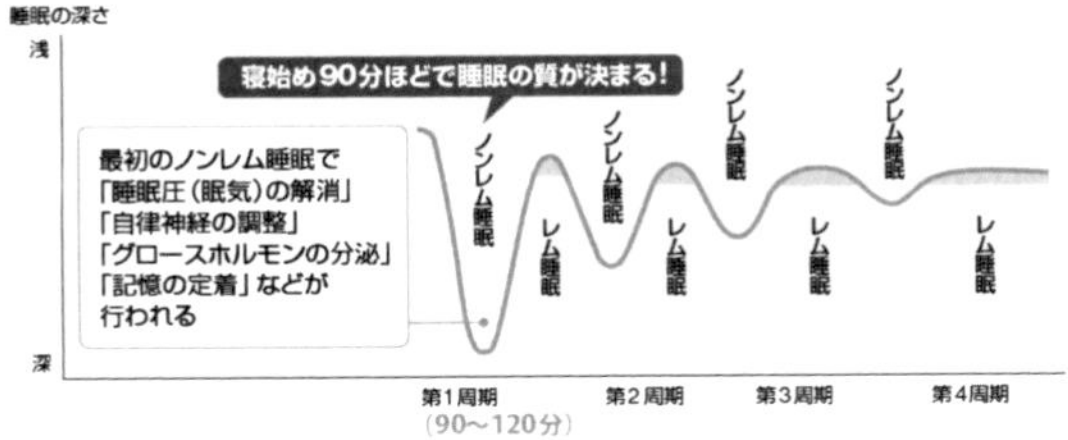

(出所)『スタンフォード式　最高の睡眠』を基に本誌作成

睡眠時間を確保することは大事だが、忙しいときこそ質のよい睡眠を取ることだ。長時間寝ていても質が悪いという例はたくさんある。睡眠で何を重視すべきかというと、それは最初の90分だ。

この90分に深く眠れると自律神経は乱れず、グロースホルモンが分泌され、その後も正しい睡眠パターンになりやすい。明け方に近づくと睡眠は自然に浅くなり、目が覚める。脳が活性化し日中のパフォーマンスも高くなる。

（聞き手・大正谷成晴）

体温の上げ下げが安眠のカギ

西野教授はインタビューで、入眠後最初の90分の質を高めることが最重要だと述べた。そのために大切なのがスムーズな眠りへ導く、毎晩のルーティンだ。

具体的に何に注目すればよいか。西野教授は「体温と脳の状態のコントロール」を挙げる。

規則正しい生活をして、就寝時間と起床時間は固定することが望ましい。しかし、仕事で忙しいビジネスパーソンはそうもいかないだろう。そこで知ってほしいのが、眠る前に体温と脳をスムーズにコントロールする方法だ。

体の内部の体温（深部体温）は睡眠中に下がり臓器や筋肉、脳を休め、覚醒時は上昇して体の活動を維持。一方、手足（皮膚温度）は逆で、入眠前に高くなり熱を放散して深部体温を下げる。つまり、2つの体温の差が縮まっているのが、スムーズな入眠のカギであり、この変化を助けると眠りやすくなる。また、脳が興奮していると体温は下がりにくい。脳のスイッチを切るのもポイントだ。

体温のコントロールは、次図のように、ぐっすり眠るには深部体温と皮膚温度の差を縮めていく必要がある。そのために、まず皮膚温度を上げて熱放散して深部体温を下げなければならない。

入眠のポイント

体温と脳をコントロールしてぐっすり眠る

体の内部の体温（深部体温）は睡眠中に下がり臓器や筋肉、脳を休め、覚醒時は上昇して体の活動を維持。一方、手足（皮膚温度）は逆で、入眠前に高くなり熱を放散して深部体温を下げる。つまり、2つの体温の差が縮まっているのが、スムーズな入眠のカギであり、この変化を助けると眠りやすくなる。また、脳が興奮していると体温は下がりにくい。脳のスイッチを切るのもポイントだ。

◆「深部体温」と「皮膚温度」の差が縮まると眠くなる
―体温と眠気の関係―

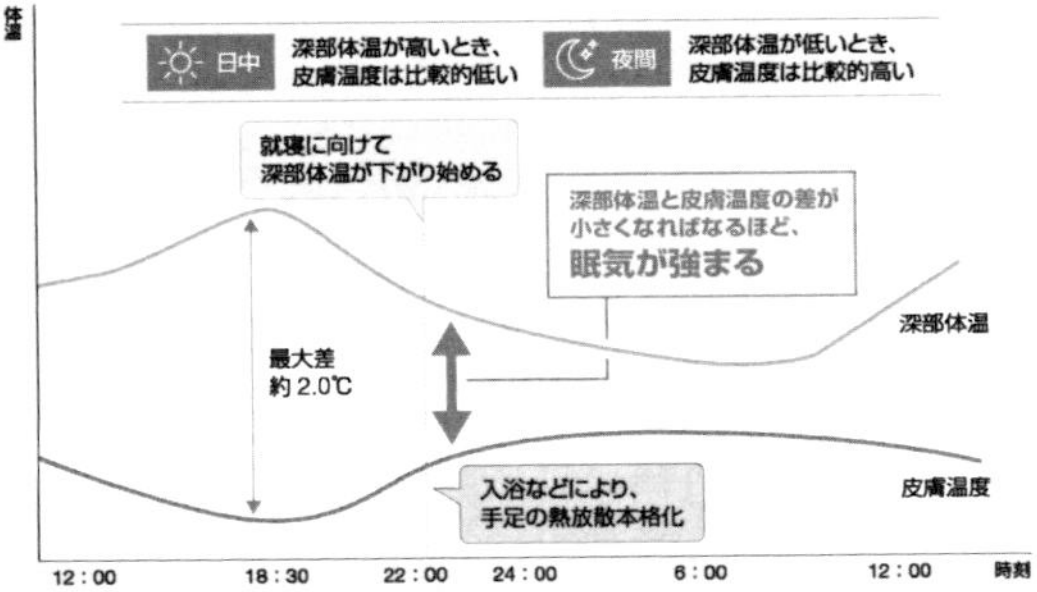

（出所）「スタンフォード式　最高の睡眠」

この「体温を上げて、下げる」を意図的に行えるのが入浴だ。入浴は簡単には変動しない深部体温を動かす強力なスイッチといえる。40度の浴槽に15分入った後で測定すると、深部体温は約0・5度程度上昇したという実験データがある。体温の上昇は体には危険信号なので、その後大きく下がろうとする性質が働く。入浴で深部体温を上げた分だけ、入眠時には深部体温が下降し、熟睡につながる。

ただし、体温だけ理想どおりにコントロールしても、それだけでは良質な睡眠は得られない。脳を休息状態に持っていくことも重要だ。脳をモノトナス（単調な状態）にすれば、刺激がないので脳は考えることをやめ、退屈して眠くなる。例えば、眠る前に娯楽を楽しむなら、アクション映画よりも、音だけで楽しむ落語が向いている。動画やスマホは御法度。このように体温と脳を休息モードにしてから入眠することが大事だ。

ぐっすり眠れるテクニック

①寝る前　90分前入浴はスムーズに眠るためのスイッチ

深部体温を意図的に上げ下げすると入眠しやすい。

深部体温は一時的に上がった分だけ大きく下がろうとする。40度の風呂に15分入ると深部体温はおよそ0・5度上がり、元に戻るまでの所要時間は90分。寝る90分前までに入浴を済ませておくと深部体温が下がり、皮膚温度との差も縮まり、スムーズに入眠できる。深部体温を意図的に上下させることで、眠りのスイッチを入れる。

忙しい人は、次の方法もお薦めだ。

・すぐ眠りたいならシャワー

忙しくて寝る90分前の入浴が無理ならシャワーでも十分。深部体温を上げすぎないぬるめの入浴でも可。

・即効性があるのは足湯

毛細血管が発達している足の血行を足湯でよくして熱放散を促す。入浴と同じ効果が期待できるのだ。

②寝るとき　安眠できる部屋のルールはこれだ

眠りのコンディションを整え脳を休息状態にさせることがポイントだ。

安眠には部屋全体のコンディションを整えよう。室温は高すぎると汗をかいても体温が下がらない。湿度が高いときはさらに注意。通気性のよいメッシュ素材の高反発の枕は後頭部に熱がこもらず、脳温を下げ良眠に導く。同様に、敷布団を高反発マットレスがお薦めだ。沈み込むマットレスは熱放散の効率がよくない。また、靴下を履くと足からの熱放散を妨げる。足が温まれば脱ぐほうがよい。何も考えず退屈して眠くなる「モノトナス（単調な状態）」にすることも大事。ベッドから離れて読書などをして眠くなるのを待つのも手だ。

光と2段階アラームで起床

睡眠と覚醒は表裏一体。朝起きてから夜眠るまでの行動や習慣が最高の睡眠をつくり出し、最高の睡眠が最高のパフォーマンスも生む。

では、質の高い睡眠を手に入れるために、日中どんな行動を取ればいいのか。覚醒スイッチをオンにする際、カギになるのは「光」と「体温」だと西野教授は言う。

人間は約24・2時間のサーカディアンリズムと呼ばれる体内時計で動く中、24時間の地球のリズムに合わせるために、そのズレを調節する必要がある。

そこで、重要な役割を果たすのが「光」だ。つまり、1日が始まる朝に太陽の光を浴びることが両者のズレを調整する「覚醒スイッチ」となる。光にはまた、体温、脳やホルモンの働きまで調節する機能がある。

もう1つの覚醒スイッチは「体温」だ。起床後は体温を上げていくことが必要で、朝目が覚めたらすぐに行動すると脳の覚醒スイッチが入りやすい。後に挙げた「しゃっきり目覚めるテクニック」を取り入れることを薦める。

例えば、家で身支度する間、はだしで活動すれば皮膚感覚を刺激し皮膚温度を低下させ、サーカディアンリズムで自然に上がっている深部体温と皮膚温度との差をさらに広げていく効果がある。

冷たい水で手を洗うのも同様の効果が得られる。朝食には、深部体温を上げ1日のリズムを整えて活動を行うためのエネルギー補給の役割がある。だから、「面倒くさい」や「忙しい」という理由で朝食を抜くのは避けたい。

このように日中に「光」と「体温」で覚醒スイッチを入れていけば、夜には睡眠のリズムが整い質の高い眠りを実現できるだろう。

しゃっきり目覚めるテクニック

前日の夕食から始まっている

夕食を取ることで覚醒を維持するオレキシンの分泌を抑えられる。寝る1時間前までには食べよう。「冷やしトマト」など深部体温を下げる食品が効果的だ。脂っこいもの、塩分が多いものやアルコールの過剰な摂取は避ける

1回目のアラームは微音で短く

小さい音で目覚めを促す。ノンレム睡眠中でも眠りを妨げず、レム睡眠中なら起きられるからだ。

2回目のアラームは20分後

20分前のアラームで目が覚めないなら、その時間帯はレム睡眠の可能性が高くここで目が覚める。スヌーズは使わないほうがよい。十分な時間を空けられず、起きに

くいノンレム睡眠時に何度も音が鳴り響く。目覚めによいはずがない。

朝の光を浴びるのが吉

眠りを促すホルモン「メラトニン」の分泌は、太陽の光で抑制される。覚醒に欠かせない。

はだしでリビングへ

皮膚温度が下がり深部体温との差が広がる。覚醒をつかさどる上行性網様体が活性化する。

冷たい水で手を洗う

朝起きると深部体温は自然に上昇する。冷水で手を洗うと皮膚温度との差が広がり覚醒を促す。避けたいのは、激しい早朝ランと朝風呂だ。朝の運動過多は発汗で熱放散を起こし、元の体温より下がり眠気が増す。朝風呂も激しい運動と同じで、体温変動が大きくなり逆効果になってしまう。

朝食はこの2つを

体温を一気に上げ、1日のリズムを整えて活動を始めるためのエネルギーを補給するのが狙い。

①温かいみそ汁やスープは体温を上げ覚醒を助けてくれる。

②カリカリのベーコンなどは強くかむので脳が刺激される。（私は20年間、白米、みそ汁、ベーコンを食べています！）

出勤途中のテイクアウトコーヒー

カフェインは基礎代謝を上げ、体を覚醒モードに切り替える。店員と会話するだけで刺激が得られより覚醒することができる。

【仮眠編】直前に冷たい物を飲む

20分間の昼寝で午後も冴える

オフィス内に専用のスペースを設けるなど、仮眠を推奨する企業が増えている。睡眠時間が短くなる中、眠いまま働いてもミスが増えるだけ。健康な人でも14時ごろにうとうとする「アフタヌーンディップ」に襲われる。「解消するには仮眠が効果的だ。経営陣や管理職は理解を示してほしい」（西野教授）

仮眠スペースがないなら首元を温めて机にうつぶせでも構わない。「30分以上仮眠すると、その後の集中力が低下し、重要な会議などでぼーっとしてしまう場合も」（西野教授）。夜眠れなくなるおそれもあり、20分程度が望ましい。5分前にカフェインが入っていない冷たい飲み物を飲むとスムーズな仮眠に入りやすい。

自宅でリモートワークしている場合、寝室で横になると深い眠りにつくおそれがあり、ソファなどに横たわるのがよい。理想的なのは飛行機のビジネスクラスや新幹線のグリーン車のような背もたれが倒れて、フラットに近い状態だ。

西野教授は「30分未満の昼寝をする人は、昼寝をしない人に比べて認知症発症率が約7分の1というデータもある。一方で、1時間以上だと発症率は2倍も高かった」と健康面への影響も指摘する。

また、昼間は体温が高くて、あまり長くは眠れないようになっている。それにもかかわらず熟睡するとしたら、よほど睡眠不足なのか、体や脳に不調がある可能性がある。医師など専門家に相談することだ。

ランチ後に眠くなるのはよくある話だが、スタンフォード大の研究では、「昼食を抜いても午後2時ごろには眠気が生じる」という実験報告が出ている。よって、生物的にランチは午後に眠くなる要因ではない。むしろ、満腹感で意欲が低下し、何もする気が起きずに眠いと感じるというのが西野教授の見解。とはいえ、実際にあることなので、血糖値に影響が出てオレキシンなど覚醒物質の活動を抑える可能性がある、重いランチは避けたほうがよい。

教えて西野先生！　睡眠Q&A

――【Q1】出張先だとよく眠れません。海外だと時差ぼけも。対策は？

【なるべくいつもどおりの環境に近づけること】

出張先で眠れないのは、環境の変化が脳に刺激を与え入眠を妨げるから。いつもどおりの時間帯、自宅に近い照明や室温にするとよい。時差ぼけは無理をしても1日1時間程度しか修正できない。飛行機に乗っているときも含め、時差を気にせず、むしろ、十分な睡眠、休養を取ることも重要。

――【Q2】明日早く起きなければいけない場合は？

【早寝はしないでいつもの時間に寝ること】

入眠の前には脳が眠りを拒否する「フォビドンゾーン（睡眠禁止ゾーン）」があり、いつもより早く寝ようとしても眠りづらい。いつもどおり寝て、睡眠時間を削ったほうがすんなり入眠でき、睡眠の質が確保できる。どうしても早く寝たいなら入浴の時間も早めるなど、体温を意図的に上げ下げすること。

——【Q3】羊を数えたらよく眠れるって本当？

【日本語で数えても意味なし英語で数えるのが基本】

これはもともと英語で、「sheep（羊）」と「sleep」の発音が似ていて言いやすく、息を潜めるような響きなので眠りの効果があるとされている。日本語で「羊が1匹……」とつぶやくのは大変で、むしろ脳が刺激されてしまう。

——【Q4】睡眠によいミーティングは朝？　昼すぎ？

【軽い内容なら午後でOK】

頭を使う仕事、重要な仕事は脳が元気な午前中に集中したほうが賢明。一方、ランチ後は徐々に簡単な仕事にシフトさせ、眠りに向けて脳をリラックスさせていく。午前中がベストだが、軽いミーティングならあまり脳に負荷はかからず、リフレッシュになるので午後向きともいえる。

――【Q5】週末の寝だめは有効?

【週末の寝だめでは睡眠負債は返済不能】

ある実験では毎日40分の睡眠負債を返すのに、毎日好きなだけ寝ても3週間かかったという結果が出た。週末に2時間以上寝だめをしてしまうということは、むしろ睡眠負債の徴候。根本解決には毎日の睡眠時間を増やすしかない。入眠後最初の90分を大事にするなど睡眠の質を高めることも大事だ。

――【Q6】夜眠いけど、朝までに資料を作らなければ。どうしたらいい?

【90分ほど寝てから起きて作業する】

まず寝てしまい、入眠後約90分経過した最初のレム睡眠のタイミングで起きて、仕事に取りかかるのがよい。睡眠時間は短いが、深く眠れていれば質は確保される。一方、眠気をこらえて明け方まで頑張り少し寝ようとしても、脳は興奮し体は起きる準備をしているので、熟睡できずに逆効果だ。

（ライター・大正谷成晴）

西野精治（にしの・せいじ）

１９５５年生まれ。８７年大阪医科大学大学院から米スタンフォード大学医学部精神科睡眠研究所に留学。ナルコレプシーの原因究明に関わる。２００５年同大学睡眠生体リズム研究所所長。

【運動を見直す】駅伝チームも指導するトレーナー直伝！

脱疲労ストレッチ・筋トレで効果絶大

フィジカルトレーナー・中野ジェームズ修一

テレワーク中心の生活は、家にいるだけで疲れやすくなっていないだろうか。「パーソナルトレーニングに訪れる際もそう訴える人が増えた」と話すのは、フィジカルトレーナーの第一人者・中野ジェームズ修一氏。２０１４年から青山学院大学駅伝チームのフィジカル強化指導を担当、１５年以降も箱根駅伝7回中5回優勝という躍進を支えた。

テレワーク疲れを訴える人が今すぐにできることとして、中野氏は「動的ストレッチ」を挙げる。肩や背中など気になる部位を大きく動かす方法だ。すると、その部位の血流が増え、酸素や栄養が行き渡って筋肉や関節の動きがよくなる。青学大の駅伝チームは、練習前に動的ストレッチを念入りに行うようになってから、故障者が減り、成績が安定したという。ビジネスパーソンがデスクワークで凝り固まった体をほぐすのにも有効だ。

ただテレワーク疲れから脱するには動的ストレッチだけでは足りない。「疲れやすくなった原因は、運動不足で下半身の筋肉量が減ったこと。ウォーキングやランニングで筋肉を増やすことが不可欠」と中野氏は言う。

血行を改善する　動的ストレッチ

【肩甲骨】ひじを大きく回すと肩回りがほぐれる

デスクワークで硬くなりやすい肩関節から肩甲骨回りの筋肉。肩を基点に、ひじを正面→真上→真横→下と大きく回すと、ほぐれる。

①立った状態で左右の手の指先を肩につける。ひじは正面。肩に指がつかない人は、指先をつけずに、手のひらを上に向けるのでもOK。外回し20回、内回し10回。

②指先を肩につけたまま、両ひじを真上に引き上げる。肩が痛い人は痛みの出ない高さまで上げるだけでも問題ない。

③肩甲骨を寄せ、ひじを真横に向けたら、ひじを真横から下に向け、①に戻す。3秒で1周するスピードで。肩関節より肩甲骨を大きく動かすイメージでリズミカルに。

【首〜背中】 首の前後運動で肩甲骨までほぐす

首の後ろが凝りやすい人向けのストレッチ。頭を前後に倒す動作を20回繰り返すことで首の後ろから肩甲骨までの血行がよくなる。

①両手を左右の耳辺りに添え、ひじを左右に開きつつ、上体を反らして、頭を後ろに倒す。肩甲骨を寄せる意識で20回。

②ひじを閉じ、背中を丸めて頭を前に倒す。首の背面が伸びればOK。首が痛くならない程度に、リズミカルに繰り返す。

【体幹】 背中を弓なりに反らせてほぐす

おなかの奥にある腹横筋をはじめとした体幹の筋肉を伸ばし脊柱の動きをよくする方法。四つんばいで背中を反らしたり丸めたりする。

①四つんばいの姿勢に。手は肩の真下、ひざは腰の真下につく。息を吸いながら背中を20回反らす。大きくなめらかな動きを心がける。

②息を吐きながらおなかをへこませるようにして、20回背中を丸くする。おへそを

のぞき込むようにするとよい。リズミカルに繰り返す。

【体側】　左右交互に上体を真横に倒す

体の側面の筋肉を伸ばすストレッチ。背中のこわばりがひどい人は、動的ストレッチの【体幹】と【体側】の両方を行うと楽になる。

①両足を肩幅より広く開き、腰を落とす。肩の高さで、腕を左右に大きく伸ばしながら、左右20回体を横に倒し、手で足首を触る。

②元の位置に戻り、左右逆側に倒す。動作の途中で、腰やひざの位置を動かすと、体側の筋肉が伸びないので注意を。大きな動きでリズミカルに。

デスクワーカーこそやってほしい　静的ストレッチ

なぜ下半身の筋肉が減ると疲れやすくなるのか。下半身の筋肉は第2の心臓であり、その筋肉が減ると心肺機能が低下して、血行が悪くなるからだ。

筋肉が減ると基礎代謝量が減り、太りやすくもなる。筋肉が2キログラム減ると、基礎代謝量はおよそ100カロリー減る。これはご飯茶碗で半分相当。同じ食生活を続けているとどんどん太り、体を動かすのがおっくうになる悪循環だ。「ここ1年で体重1~2キログラム増という人も、実は筋肉量が減って体脂肪量が増えている。下半身の太い筋肉を鍛えて代謝を高めないと疲れやすい状態から抜け出せない」（中野氏）。

ウォーキングやランニングは毎日30分以上。ウォーキングは息が弾む程度の速さで行う。15分×2回などの細切れでもよい。外に出る時間がないなら、屋内でもランニングと同等の運動量を得られる踏み台昇降でもＯＫ。

そのうえで、動的ストレッチや寝る前の「静的ストレッチ」を行うと効果的だ。静的ストレッチは体のひねりと体重を利用し筋肉の線維をゆっくり伸ばす運動。年を取ると短くなる筋肉の線維を伸ばすことで柔軟性を取り戻せる。硬くなりやすい部位のストレッチだけでも行いたい。

【首】精神的ストレスを受けやすい部位

後頭部の下部から首の裏側を覆い、肩につながる「僧帽筋上部」。精神的なストレスを受けると硬くなりやすいので、小まめに伸ばそう。
①背もたれのあるいすに深く腰掛け、背筋を伸ばし、左腕を右の側頭部に添える。右腕は背中側に回して、左側の背もたれをつかむ（左右行う）。
②息を吐きながら、頭に添えた手を使い頭を斜め前に倒す。その状態で３０秒キープ。肩が上がると、僧帽筋上部の筋肉は伸びにくいので注意。

【背中（肩甲骨を覆う筋肉）】　腰痛持ちの人でも行える

肩甲骨を覆う筋肉「僧帽筋中部」。次のストレッチをすると、この筋肉だけでなく腰回りの筋肉も伸びる。腰痛持ちの人でもできる。

①（ひねる）いすに浅く腰掛けて、両足を大きく開く。両腕を前へ伸ばし、手首を内側にひねって手のひらを合わせる。

②（体重を操る）息を吐きながら体を前に倒し、首から背中全体を丸めるようにして30秒キープ。腕の重みが背中にかかることで僧帽筋中部を楽に伸ばせる。

【背中（背部から腰部に広がる筋肉）】　タオルを使うと気持ちよく伸びる

背部から腰部に広がる「広背筋」。硬くなると背中の張りや疲労感の原因に。タオルを使ってねじる動作をすることで効率よく伸ばせる。

①肩幅より長いタオルを用意して、タオルの両端を握って頭上に上げる。タオルはたるまないよう伸ばす。両足は腰幅か肩幅に開く。

②息を吐きながら上体を斜め前にひねり倒して30秒キープ。倒すとき、腰を動かさ

ないこと。真横に倒すと体側の筋肉は伸びるが、広背筋は伸びない。

【胸】パソコン作業が多い人に効く

パソコン作業をしていると、胸を覆う大胸筋が収縮した状態が長時間続き、猫背になる。次の方法で、上・中・下3方向に伸ばそう。

①壁の横に立ち、壁側の腕を斜め上、体より後方に上げて、手のひらを壁につける。もう一方の手のひらを上げた腕側の胸に当てる。

②息を吐きながら壁と逆側に体幹と顔をひねる。手をつく位置を「肩の高さ・指先は後向き」「腰の高さ・指先は下向き」も行う。

【お尻】腰痛持ちにおすすめの方法

お尻にある大きな筋肉「大臀筋（だいでんきん）」。腰痛持ちの人はたいがい硬いのでケアしよう。この方法ならデスクワークの合間にも伸ばせる。

①いすに深く腰掛けて、足首を太もものひざ上辺りに乗せる。手は乗せたほうの足の

上に置く。

②息を吐きながら上体を前に倒した姿勢で30秒キープ。自分の体重がかかり大臀筋が伸びる。背中を丸めずに、腰を伸ばして倒さないと伸びないので注意。

【太もも裏側】 お尻の筋肉も一緒に伸ばせる

太もも裏にあるハムストリングス。股関節や骨盤の動きをサポートする筋肉だが年齢とともに硬くなる。これなら大臀筋も伸びる。

①いすに浅く腰掛けて、片方の足を前に伸ばし、かかとを床につけてつま先を上げる。ひざは軽く曲げておく。

②息を吐きながら、お腹を太ももに近づけ、両手で足をつかんで30秒キープ。つま先の方向を内側や外側にも向けて、満遍なく伸ばす。

【脚の付け根】 いすに長時間座っている人向け

いすに長時間座っていると、骨盤と大腿骨（だいたいこつ）、腰椎を結ぶ「腸腰筋」

が縮み、硬くなる。腰痛や疲労感の原因になるので小まめに伸ばす。
①壁を横にして立ち、壁側の足を大きく1歩前に踏み出す。両腕を頭上に伸ばす。左右交互に両側とも行う。
②息を吐きながら、上体を壁に向かって曲げていき、両方の手のひらを壁につけた姿勢で30秒キープ。ひねりが加わることで腸腰筋が伸びる。

筋トレは下半身から始めるのが効果的

下半身の筋肉をつけるには筋トレをするのもよい。家で手軽に始めよう。最初は毎日1セットでもOK。徐々に増やしていきましょう。

体力や筋力は年齢とともに落ちてくると思われがちだが、「そんなデータはない」と中野氏は強調する。疲労回復のスピードが落ちるだけで、運動していれば体力は落ちないし、70歳でも筋肉はつくという。「ここで紹介したトレーニングやストレッチを3カ月続ければ、体調は驚くほど変わる」。

テレワーク疲れを癒やすには、運動に加えて睡眠も重要だ。「入ってくる情報量が多いと頭が疲れるから、寝ることで整理される」。

安眠するには、寝る前に「筋弛緩法」（両肩をすくめ6〜8割の力で5秒緊張させ、一気に肩をストンと落として脱力し、10秒リラックスする）で筋肉の緊張状態を解くといい。ほぐしたい部位をあえて1回緊張させ一気に脱力すると、緩んでくる。こちらも青学大の駅伝チームがレース直前によくやっているという。仕事中に体の凝りをほぐすのにも使える手だ。

【ワンレッグスタンドアップ】片脚で立ち上がり筋力UP

①いすに浅く座ったら、片方の脚を床から浮かせる。両手をいすの座面に置いて、体を支える。左右各20回を2〜3セット。
②両手をいすの座面に置いて、上体を前に傾けながら、お尻をいすから浮かせる。床から浮かせた脚は浮かせたまま。4秒かけてひざを伸ばし片脚立ちになる。
③片脚立ちをしたら、4秒かけていすに腰を下ろす。ゆっくり行うことで筋肉が鍛えられる。呼吸は自然に任せて行えばよい。

【フロントランジ】体重の圧力で下半身を鍛える

①足を肩幅に開いて立つ。ひざに不安のある人は、壁の近くに立ち、壁に手をついて

行ってもよい。左右各20回を2～3セット。

②片方の脚を前に踏み出し、ひざが直角に曲がるまで腰を落とす。ひざを伸ばしながら前に出した脚を戻す。左右交互に踏み出す。

中野ジェームズ修一（なかの・じぇーむず・しゅういち）

1971年生まれ。米国スポーツ医学会認定運動生理学士。多分野のアスリートのフィジカル強化を担当。会員制パーソナルトレーニング施設「CLUB 100」でも指導。

【食事を見直す】時間栄養学の観点で考える

パフォーマンスを高める食事メソッド

監修　済生会熊本病院栄養部

私たちの体には1日のリズムを刻む「体内時計」と呼ばれる機能が備わっている。体内時計が乱れると、睡眠障害や気分障害といった不調のほか、肥満、糖尿病などの生活習慣病につながる。

人間の体内リズムは24時間より少し長いため、体内時計を毎日リセットしなければならない。そこで必要となるのが「光」と「食事」だ。

光で脳の主時計を、食事で体内の臓器にある末梢時計を、それぞれリセットできる。しかし朝食を抜くと内臓は眠った状態のままとなる。結果、脳と内臓との間で体内リズムに乱れが生じ、パフォーマンス低下や不調を招く。

この体内時計の仕組みを踏まえて、食事のタイミングや量、内容などを考慮した栄養学が「時間栄養学」だ。その観点でいうと、起床後に光を浴びてから、できれば1時間以内、遅くとも2時間以内には朝食を取り、体内時計をしっかりリセットしたい。

朝食時の栄養素で欠かせないのが、ご飯やパンといった炭水化物。寝起きは脳の栄養素となるブドウ糖が枯渇している状態だが、炭水化物を取ればブドウ糖となって脳に栄養が行き渡る。逆に朝食（炭水化物）を抜くと脳へ栄養が届かず、集中力や意欲の低下、疲労感の上昇を招く。そのため炭水化物はきちんと取るようにしたい。

炭水化物とともに、タンパク質のおかず（肉・魚・大豆製品・卵・乳製品など）を一緒に取れば、体内時計のリセット効果がより高まるといわれている。また、起床時は前夜からの長時間の絶食で筋肉の分解が始まっており、筋肉の合成を高めるうえでもタンパク質は大事だ。さらに「幸せホルモン」として知られるセロトニンはストレスに対して精神を安定させる働きがあるが、その生成に必要なアミノ酸のトリプトファンもタンパク質のおかずから摂取できる。

炭水化物とタンパク質をセットにすることを心がけ、コンビニで済ます際もおにぎりやパンだけでなく、卵やヨーグルトなども一緒に食べたい。栄養バランスを考慮して野菜を加えると一層よい。

時間帯で食事内容も変わってくる
―朝・昼・夜ごとの食事の注意ポイント―

朝

- 起床後1～2時間以内に食べて、体内時計をリセット
- 炭水化物とタンパク質を一緒に食べる
- コンビニで買って食べる際はおにぎりだけでなく、卵やヨーグルトも

昼

- 血糖値を上げにくい「低GI食品」を食べるようにする
- 炭水化物だけでなく、タンパク質と食物繊維も取る
- おやつも低GIのものを選ぶ

夜

- 食べる順番を工夫して血糖値の上昇を緩やかに
- 遅い時間帯の食事は、1食分を2回に分ける「分食」で
- 寝る2時間前には食べ終える

朝昼夜の食事量は
3：4：3か
4：3：3の割合で。
夕食は3割を超えないように

血糖値の変動を抑える

午後からのコンディションを維持するうえで、昼食にも気をつけたい。ポイントは血糖値を上げすぎないこと。血糖値が一気に上がると大量にインスリンが分泌され、血糖値の急激な低下を招いて疲労感や眠気につながる。こうした血糖値の急激な上がり下がりを「グルコーススパイク（血糖値スパイク）」と呼ぶが、長期的には糖尿病や動脈硬化に加え、脳卒中や心筋梗塞の発症リスクも高まる。

そこで知っておきたいのが「低ＧＩ食品」。ＧＩは血糖値の上がりやすさを示す指標である。低ＧＩ食品には玄米やそば、全粒粉のパン、高ＧＩ食品には精白米やうどんがある。高ＧＩ食品を食べた際は、一緒に低ＧＩのものや、タンパク質、食物繊維を取ると血糖値の急上昇を抑えてくれる。

そのため昼食は主食（ご飯やパン）・主菜（肉や魚）・副菜（野菜）という具合に、炭水化物・タンパク質・食物繊維をバランスよく摂取し、できれば主食は雑穀入りご飯など低ＧＩ食品を選びたい。逆に、白米のおにぎりとカップ麺など炭水化物ばかりの食事は血糖値が上がりやすいため、避けるのが賢明だろう。昼間の間食（おやつ）も、血糖値を変動させにくいものを選びたい。低GIのナッツやチーズ、ヨーグルトなどがお薦め。カフェインを摂取できるチョコレートもいいが、その際はカカオ含有量が多いものを選びたい。

そして夕食。ここで注意したいのは量と順番だ。夜はついたくさん食べがちだが、1日の食事量を10とすると、朝昼夜で3対4対3か4対3対3の割合を目指したい。3食で量に大きな差をつけないことと、夕食は3割にとどめるのが大事だ。

夕食は血糖値が最も上がりやすいため、食べる順番も工夫したい。まずは野菜、次にタンパク質のおかず（肉、魚）、そして主食の炭水化物（ご飯）という順にするだけで、血糖値の上昇は緩やかになる。この順番は朝食、昼食でも有効だが、時間的に余裕がある夕食時にまずは試してもらいたい。

◆ 血糖値の急激な変化がパフォーマンスを下げる
―低GI食品と高GI食品の一例―

低GI食品	高GI食品
●玄米　●そば	●精白米　●うどん
●ナッツ　●大豆	●食パン　●ジャガイモ
●全粒粉のパン	●フライドポテト
●春雨	●ケーキ

◆ 食べる順番で血糖値の上がり方が違ってくる
―理想は食物繊維、タンパク質、炭水化物の順―

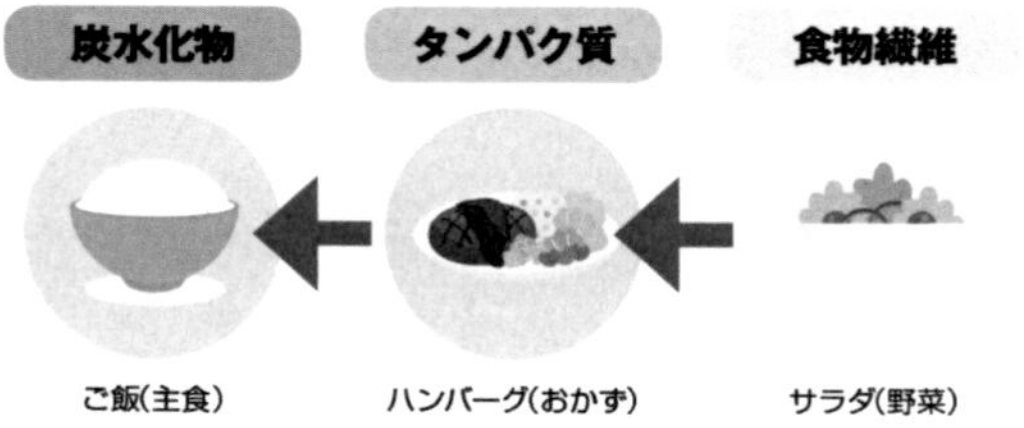

残業などで夕食が遅くなる際のお薦めは「分食」。1食分を2回に分けて食べることで、遅い時間帯の食べすぎやまとめ食いによる血糖値上昇を抑制できる。夕食が夜9時以降になる場合は、午後5~6時ごろにおにぎりなどの炭水化物を取っておく(野菜ジュースなどを併せて取ると血糖値の上昇が緩やかになる)。終業後の夜9時以降に、残りのタンパク質のおかずと野菜を食べる。その際も胃に負担がかからないよう、寝る2時間前には食べ終えるようにしたい。

1日の食事方法を工夫し、パフォーマンス向上につなげよう。

(比木 暁・大空出版)

腸内環境を改善し心身を整えよう

監修　東京都済生会中央病院　消化器内科部長・中澤　敦

私たちの体は、ストレスを感じれば、脳から腸に信号が届くと一般的に知られている。ストレスや不安から、腹痛を伴う便通異常が生じる過敏性腸症候群などはその典型だ。しかし最近の研究では、腸の状態が脳の活動にも影響を及ぼすことがわかっている。

脳と腸が互いに影響を及ぼし合うことを「脳腸相関」と呼ぶが、過敏性腸症候群も、脳で感じるストレスだけでなく、腸内環境の異常によって腸から脳への信号伝達に異常が生じていると見なされるようになった。腸が病原菌に感染すれば、脳では不安感が増すといった報告もある。病原菌だけでなく腸内細菌のバランスの乱れも脳に影響を与えるとみられ、特定の腸内細菌が少ない子どもは、行動異常や自閉症などになりやすいという研究結果もある。

◆ 腸の環境も脳の状態に働きかける
―脳と腸が密に影響し合う脳腸相関―

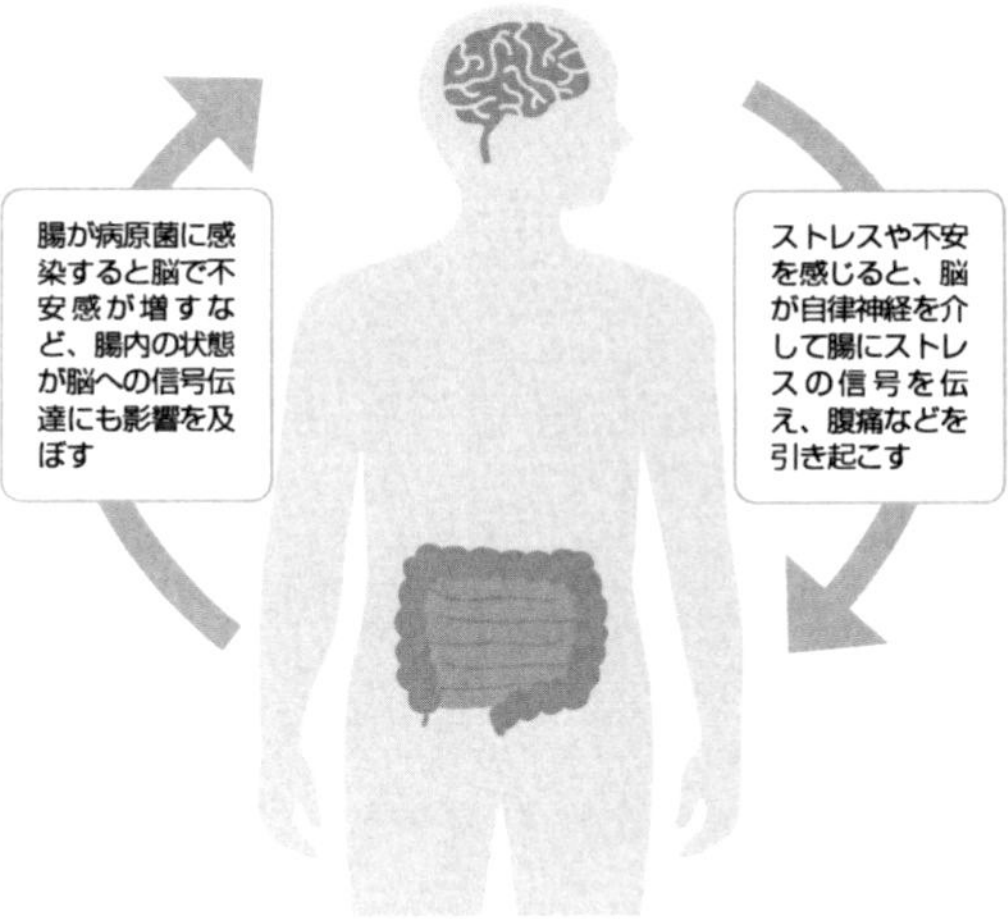

腸が病原菌に感染すると脳で不安感が増すなど、腸内の状態が脳への信号伝達にも影響を及ぼす
ストレスや不安を感じると、脳が自律神経を介して腸にストレスの信号を伝え、腹痛などを引き起こす

腸の状態は日々の暮らしの質や生産性にも影響する。便秘の人は快便の人に比べて生活の質（QOL）や生産性が下がることが明らかになっている。腸によって私たちのコンディションは大きく左右されているのだ。

そもそも腸内には、1000～3000種、約100兆個もの腸内細菌がすんでいる。合わせると重さにして1～2キログラムに達し、1つの臓器といってもいい。

腸内細菌は「善玉菌」と「悪玉菌」、そのどちらでもない「日和見菌」の3種類に分かれる。善玉菌は、ビフィズス菌や乳酸菌、酪酸菌などが代表的。悪玉菌は病原性大腸菌やウェルシュ菌などが該当する。善玉菌・悪玉菌・日和見菌はそれぞれ2対1対7の割合が理想だ。

細菌は腸内で種類ごとにコミュニティーを形成しており、これを腸内フローラ（マイクロビオータ）と呼ぶ。腸内フローラを含め、腸内環境全体を整えることが大事だが、そのためには身体に悪影響を及ぼす悪玉菌の増殖を抑える必要がある。とはいっても悪玉菌にも役割があり、一定量は必要。善玉菌・悪玉菌・日和見菌は2対1対7の割合が理想的な状態といわれている。

こうした腸内細菌のバランスに加え、腸の状態を健康に保つうえで重要になるのが、腸内細菌の数と種類を豊富にすること。例えば善玉菌のビフィズス菌は腸内細菌として欠かせないが、そればかりではダメで、腸内フローラの多様性が大事になる。

しかしストレスや運動不足、あるいは高脂肪食などによって悪玉菌が増えると、腸内細菌のバランスが乱れる。すなわち細菌の数や種類の多さも損なわれ、腸内フローラの多様性が失われることになる。それを防ぐには、善玉菌の割合を一定に保つことが大切になる。

では、善玉菌は私たちの腸の中でどんな働きをするのだろうか。

善玉菌の大きな役割が、「短鎖脂肪酸の生成」だ。酢酸や酪酸、プロピオン酸などの短鎖脂肪酸は、排便の促進や免疫細胞の活性化といった働きをし、腸内環境を整えるうえで欠かせない存在である。善玉菌が食物繊維を分解して作り出す短鎖脂肪酸によって腸内が弱酸性に保たれることで、悪玉菌の増殖を防ぎ、腸内フローラを健全な状態にする。

逆に短鎖脂肪酸が少ないと、腸内環境がアルカリ性に傾き、ウェルシュ菌などの悪玉菌が増える。腸内で悪玉菌優位の状態が続くと、便秘や肥満のほか、免疫力の低下や異常により、糖尿病、潰瘍性大腸炎、動脈硬化、大腸がんなどの病気を引き起こしやすくなる。

不調や病気を防ぎ、コンディションを向上させるには、善玉菌が作る短鎖脂肪酸の力で腸内を弱酸性にしておくことが重要になる。

食事にも多様性を

そうした善玉菌の割合を一定に保つうえで大事になるのが「プロバイオティクス」と「プレバイオティクス」というキーワードだ。

善玉菌を含む食べ物をプロバイオティクスと呼び、ヨーグルトや納豆、キムチ、みそ、チーズなどの発酵食品が挙げられる。一方、プレバイオティクスはいわば善玉菌の餌。食物繊維やオリゴ糖が該当する。善玉菌が持つ酵素が食物繊維やオリゴ糖を発酵・分解し、短鎖脂肪酸を生成する。

そして善玉菌とその餌を一緒に食べるのがより効果的とされ、これを「シンバイオティクス」と呼ぶ。ヨーグルトにオリゴ糖を混ぜて食べるようなイメージだ。

こうした食事で腸内細菌のバランスを維持できる。一方で、腸内フローラの多様性のためには、食事の多様性も大事になる。

というのも、善玉菌が食物繊維を分解する酵素には限りがある。豆類やゴボウ、バナナ、海藻などは食物繊維を豊富に含むが、仮にゴボウを大量に食べても、一定量を超えると分解できず無駄な繊維となってしまう。そうしたロスを避けるには、複数の食材を少量ずつ食べるのがいい。そこで改めて見直したいのが和食だ。

「一汁三菜」といわれるように、和食はいろいろな食材を摂取できる。外食が多くなりがちな人も、どんぶり物でなく、複数のおかずがある定食にしたり、どんぶりであっても副菜を1品足したりと工夫し、食生活の多様性を目指すといいだろう。ストレスに負けず生き生きと生活するために、腸内環境がよくなる食事を選びたい。

（比木　暁・大空出版）

おなかスッキリで健康な体を目指そう

献立作成　済生会奈良病院栄養部

ヨーグルトに納豆、キムチ、塩麹……。発酵食品を取り入れたお手軽料理で腸内環境を改善しよう。

発酵食品を使った献立

【朝食】

・オープンサンド
・たっぷりヨーグルト

・フルーツ
【ポイント】たっぷりヨーグルトは、すり下ろした大根をヨーグルトに入れ、その上に蜂蜜をかけるだけ。大根は水溶性の食物繊維が多く、腸内をビフィズス菌が活動しやすい環境にする。蜂蜜はオリゴ糖やグルコン酸が腸内のビフィズス菌を増やして悪玉菌が増えるのを抑え、腸内環境を整える。

【昼食】
・もち麦入りご飯
・チーズ焼き
・キムチ納豆
・パプリカの冷製スープ
【ポイント】混ぜるだけで簡単に作れるキムチ納豆。キムチに含まれる乳酸菌は、生きたまま腸に届いて、悪玉菌の増殖を抑制してくれる。納豆に含まれる納豆菌もキムチの乳酸菌と同様に、生きたまま腸に届くので、善玉菌を助けて腸内環境をよくしてくれる。

【夕食】

・梅しそご飯
・さけのホイル蒸し焼き
・うの花のカレー風味
・コールスロー
・レモン煮

【ポイント】さけのホイル蒸し焼きは生ざけを塩麹に2~3時間漬ける。アルミホイルにさけを置き、シメジとエノキ、バターをのせ、粉さんしょうをかける。アルミホイルを閉じ皿にのせ、水を張ったフライパンで15分ほど蒸し焼きにすれば完成だ。

(比木　暁・大空出版)

コンビニ食の〝賢い〟選び方

監修　済生会熊本病院予防医療センター

コンビニでの食品選びで気をつけたいのが栄養バランス。脳に栄養を与えて日中しっかりと活動するためには、炭水化物（糖質）が必要だ。「やせたいからサラダだけ」というのは避けたい。

だからといって炭水化物だけでは、血糖値が急上昇し、グルコーススパイクを招いてしまう。血糖値の変動を抑えて、栄養のバランスを整えるために、タンパク質と食物繊維も一緒に食べるのがいい。この炭水化物（コメ・パン）・タンパク質（肉・魚など）・食物繊維（野菜）をバランスよく食べるのが基本となる。

◆ コンビニで買う際も栄養バランスが大事になる
—選ぶ際のよい例と悪い例—

食事の場合

幕の内弁当　ハムや野菜のサンドイッチ

幕の内弁当や、具にチーズや卵と野菜が入ったサンドイッチなど、炭水化物・タンパク質・食物繊維を取る。

菓子パン　カップ麺

糖質の塊である菓子パンや、カップ麺・おにぎりといった炭水化物だけの食事は血糖値を急激に高める。

おやつ・ドリンクの場合

無塩ナッツ　炭酸水

低GIの無塩ナッツは脂質が多いので手のひらにのるくらいの量で。炭酸水は糖分が入っていないものを選ぼう。

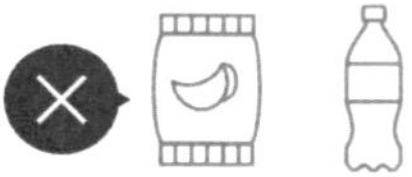

スナック菓子　ジュース

スナック菓子や、砂糖が入ったジュース・コーヒーは血糖値を大きく変動させ、パフォーマンス低下を招く。

具体的には、幕の内弁当や、ハム・チーズ・卵などと野菜が組み合わさったサンドイッチ。麺類であれば、サラダや酢の物などで野菜を足すといい。おにぎりだけを2個買うよりも、1個にして、ゆで卵やサラダを追加する。おにぎりは、できれば雑穀入りや玄米にし、さけやツナ、肉などタンパク質の具が入っているものを選ぶようにしたい。

おやつも血糖値を上げすぎないよう、低GIのナッツ（できれば無塩）、プレーンヨーグルト、干し芋、こんにゃくチップスがお薦めだ。逆にスナック菓子やフライドポテトは高GIのため、避けたほうがいいだろう。

飲み物はなるべく無糖のものを選ぶようにしたい。お薦めは炭酸水や緑茶。炭酸水に含まれる炭酸ガスは副交感神経に働いてストレスによる不安や緊張を抑える。緑茶もリラックス効果があり、緑茶に含まれるビタミンCはストレス解消効果が期待できる。

（比木　暁・大空出版）

【週刊東洋経済】

本書は、東洋経済新報社『週刊東洋経済』2021年2月27日号より抜粋、加筆修正のうえ制作しています。この記事が完全収録された底本をはじめ、雑誌バックナンバーは小社ホームページからもお求めいただけます。

小社では、『週刊東洋経済eビジネス新書』シリーズをはじめ、このほかにも多数の電子書籍ラインナップをそろえております。ぜひストアにて「東洋経済」で検索してみてください。

『週刊東洋経済eビジネス新書』シリーズ

No.346　マンションのリアル

No.347　三菱今昔　150年目の名門財閥

No.348　民法&労働法　大改正

No.349　アクティビスト　牙むく株主

No.350　名門大学　シン・序列

No.351　電機の試練
No.352　コロナ時代の不動産
No.353　変わり始めた銀行
No.354　脱炭素　待ったなし
No.355　独習　教養をみがく
No.356　鉄道・航空の惨状
No.357　がん治療の正解
No.358　事業承継　M&A
No.359　テスラの実力
No.360　定年消滅
No.361　激動の半導体
No.362　不動産　勝者と敗者
No.363　弁護士業界　最前線
No.364　YouTubeの極意

No.365　デジタル大国　中国
No.366　地銀　大再編
No.367　おうちで稼ぐ！
No.368　老後マネーの育て方
No.369　製薬　大リストラ
No.370　リスクシナリオ　2021
No.371　富裕層マル秘マネー学
No.372　コロナ時代の新住宅事情
No.373　日立・三菱重工の岐路
No.374　脱炭素サバイバル
No.375　郵政崩壊

週刊東洋経済eビジネス新書　No.376
脱・ストレスの処方箋

【本誌（底本）】
編集局　常盤有未、宇都宮　徹
編集協力　西村智宏
デザイン　（d・i・g）成宮　成、峰村沙那、坂本弓華
発行日　2021年2月27日

【電子版】
編集制作　塚田由紀夫、長谷川　隆
デザイン　大村善久
制作協力　丸井工文社
発行日　2021年11月18日　Ver.1

発行所　〒103-8345
東京都中央区日本橋本石町1-2-1
東洋経済新報社
電話　東洋経済コールセンター
03（6386）1040
https://toyokeizai.net/
発行人　駒橋憲一

電子書籍化に際しては、仕様上の都合などにより適宜編集を加えています。登場人物に関する情報、価格、為替レートなどは、特に記載のない限り底本編集当時のものです。一部の漢字を簡易慣用字体やかなで表記している場合があります。本書は縦書きでレイアウトしています。ご覧になる機種により表示に差が生じることがあります。

※本刊行物は、電子書籍版に基づいてプリントオンデマンド版として作成されたものです。